数学是打开世界的一把钥匙。

探索成员 1：小翼

长着一头自来卷的小翼热爱数学、喜欢钻研，是同学们公认的学霸，被大家亲切地称为"小牛顿"。

探索成员 2：茜茜

活泼可爱、勤奋好学的茜茜是"小牛顿"的同班同学，她记录了每次的数学探索项目。

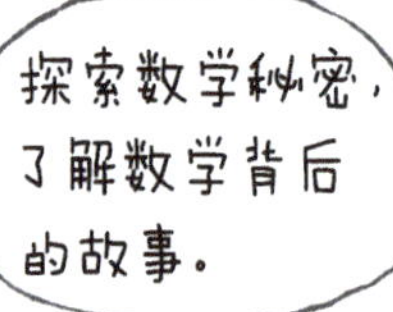

探索成员 3：小鹦鹉

聪明机智，爱提问题的小鹦鹉是探索小组唯一会飞的成员，也是探索小组的观察能手！

探索成员 4：大猫

憨厚幽默，思路灵活，大猫在关键时刻常常表现出众，给探索小组带来了不少欢乐。

厉害了！我的数学

分类和找规律

曲少云/文　李卓颖/图

中国和平出版社
China Peace Publishing House

图书在版编目（CIP）数据

分类和找规律 / 曲少云文 ; 李卓颖图 . -- 北京：
中国和平出版社，2023.4
  （厉害了！我的数学）
  ISBN 978-7-5137-2394-7

  Ⅰ . ①分… Ⅱ . ①曲… ②李… Ⅲ . ①数学 – 儿童读
物 Ⅳ . ① O1-49

  中国版本图书馆 CIP 数据核字 (2022) 第 147905 号

厉害了！我的数学

分类和找规律   曲少云/文 李卓颖/图

策　　划	代新梅		经　　销	全国各地书店
责任编辑	代新梅			
美术编辑	弯　弯		开　　本	880mm × 1230mm 1/20
责任印务	魏国荣		印　　张	2
出版发行	中国和平出版社（北京市海淀区花园路		字　　数	30 千字
	甲 13 号院 7 号楼 10 层 100088 ）			
	www.hpbook.com　　bookhp@163.com		版　　次	2023 年 4 月第 1 版　2023 年 4 月第 1 次印刷
发 行 部	（010）82093832　82093801（传真）		书　　号	ISBN 978-7-5137-2394-7
出 版 人	林　云		定　　价	22.00 元

让小屋乱糟糟的"小邋遢"，最需要做什么？对，要把房间收拾好！把自己的房间收拾整洁，离不开"把同类物品放在一起"。你做得到吗？

生活中，分类做得好，能让我们产生舒服的"秩序"感。

有秩序的事物，常常也有规律。

看看五彩缤纷的公园有什么规律吧!
小桥上的石像有什么规律
树叶按照形状分，有几类？还可以怎么分类？

用什么标准给漂亮的
小船分类呢？
答案见文末。

再来超市看看吧！
找出盘子的摆放规律吧。
答案见文末。
我把这样的形状分成一类。

答案见文末。

也可以去贴纸页找到正确的图案贴在空缺处。

为了更好地了解世界，不同时代的人们在分类过程中，不断地探寻规律，希望发现世界的运转规则。

一开始，人们把"能动的"归为有生命；"不能动"的归为没有生命。

后来，在有生命的事物中，原始人以为能生宝宝的是动物，其他的是植物。

人类真正能区分出"人"和"动物"，经历了漫长的认识过程。

在我们看似简单的现象背后，实际上经历了无数的分类、总结、找出规律；再分类、再总结、重新找出规律……

相关知识可见《时间的历史》。

不同重量的球体，从同一个高度自由落下，它们同时着地。
苹果掉下是因为，苹果和地球之间相互吸引。
猫们白天、晚上有什么活动规律，你知道吗？

人们在探寻规律的过程中，不少神奇有用的东西被发明创造出来。

找到合适的材料。

研究燃烧环境。

电灯是近现代最伟大的发明之一！

日常生活是锻炼我们分类和找规律的好帮手。

水波是圆，所有石头扔到水中，都会产生圆形水波。

泡泡是球，所有的泡泡都是球。

1
1
2
3
5
8
13
21
34
1+1=2，1+2=3，还有……
把这些花按数量归为一类，找出其中的规律吧。
花瓣数量组成一列数——从第2个数开始，后面的数是前面两个数的和。
从自然数中选出这些数排成一列，这样的一列数叫斐波那契数列。它是用发现这一规律的人——意大利数学家"斐波那契"的名字命名的。

从图形入手，如何分类、找出规律呢？

从数字入手，如何分类、找出规律呢？

1、3、5、7、9、□、13、15
8 放哪呢？
16、□、12、10、□、6、4、□、8
我来填下面数列中的偶数。
我填奇数。
8、1、□、3、12、□、14、7、□、9、□、11

答案见文末。

你一定玩过下面的游戏：只用一笔，如何画出每一幅图呢？

答案见文末。

"一笔画"有两种情况。一种是：从交点发出的线条数量，都是偶数；还有一种是：从交点发出的线条数量，只有两处是奇数。

下面的图形哪些是"一笔画"，哪些不是？

答案见文末。

根据"一笔画"规律，自己创作三幅"一笔画"图形吧！

现在，游戏时间到啦！按照已有的规律，完成这些填画游戏吧。

答案见本册贴纸页。

可以去贴纸页找到正确的
图案贴在空缺处。

观察已有的规律，完成这条路面的石砖铺砌吧。

如果蘑菇是彩色的，你希望它们有什么样的规律？
创造一种蘑菇的色彩规律吧。

可以把贴纸页的蘑菇按规律贴在空白处哦！

从不同规律出发，发现玩具汽车的奥妙吧！

形状的规律	车前部：球－方－球－棱－□－□－□－□－球－方－球－棱
	车后部：球－方－方－球－□－□－□－□－球－方－方－球
颜色的规律：	橙－蓝－绿－白－蓝－绿－橙－白－绿－橙－蓝－白

方：指正方体或长方体；棱：指三棱柱。

答案见文末。

先把下面的数分类，再找出规律。你会发现城堡中的数字秘密。

(1)	11	22	33						
(2)			6	9	12				
(3)							64	128	256

第（2）组数，前一个数______，能得到下一个数。

第（3）组数，前一个数______，能得到下一个数。

答案见文末。

利用1、1、2、3、5、8……画一棵带叶子的树。

利用1、1、2、3、5、8……画一组花。

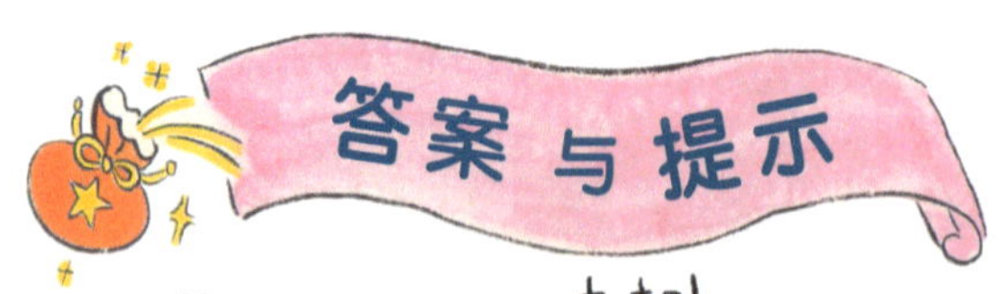

第4～5页：

石像的规律是"猫、狗、猴"循环出现。

第6页：已有图中，盘子的第一种规律为："圆→方→长方→圆→三角形"不断循环。第二种规律为："蓝→白"不断循环。

第7页：

第16页：平面图形可以进一步分为圆形  、三角形  、四边形 。

第17页：1、3、**5**、7、9、**11**、13、15 （奇数由小到大）

16、**14**、12、10、**8**、6、4、**2** （偶数由大到小）

8、1、**10**、3、12、**5**、14、7、**16**、9、**18**、11 （偶数、奇数间隔排列：红色为偶数，蓝色为奇数）

第18页："品"不能一笔画成。

第20页：可以"一笔画"完成的图形是：　　　　　　　　　　不能"一笔画"完成的图形是：

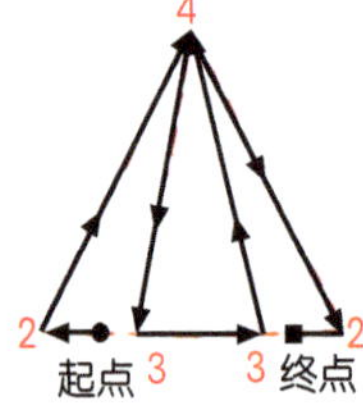

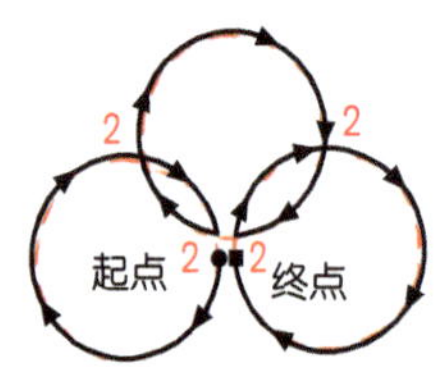

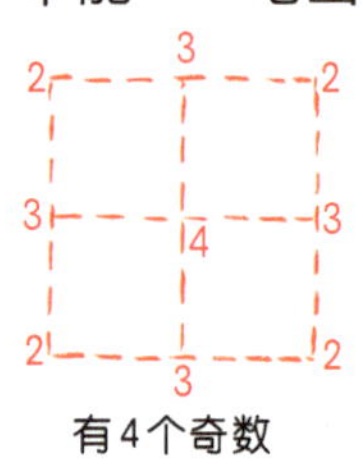

有4个奇数

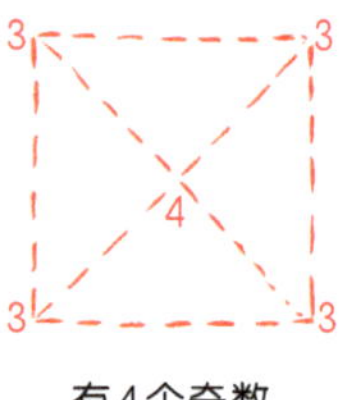

有4个奇数

注：图中数字为：从交点发出的线条数量。

第24页：小路的规律  循环出现。

第27页：

形状的规律	车前部：球－方－球－棱－棱－球－方－球－球－方－球－棱
	车后部：球－方－方－球－球－方－方－球－球－方－方－球
颜色的规律：	

第29页："+3"，"×2"。

和"1"有关的乘法规律

无论是寻找数字规律，还是图形规律，敏锐的观察力都是必不可少的。观察下面的式子，相同数位1的乘法，具有这样的规律：一个乘数有几个1，答案就从1开始数到几，接着再倒过来数到1。比如，一个乘数有6个1，就数123456，然后倒回去，结果就是12345654321。

$1 \times 1 = 1$
$11 \times 11 = 121$
$111 \times 111 = 12321$
$1111 \times 1111 = 1234321$
$11111 \times 11111 = 123454321$
$111111 \times 111111 = 12345654321$
……

"厉害了！我的数学" 系列科普图画书

- 🔺 《数的起源》
- 🔺 《自然数、整数、0》
- 🔺 《时间的历史》
- 🔺 《口算通关法》
- 🔺 《等号和加减乘除》

- 🔺 《辨识空间方位》
- 🔺 《为什么是三角形》
- 🔺 《四边形的奥秘》
- 🔺 《正方体》
- 🔺 《分类和找规律》

作者简介

曲少云 / 文

数学科普教育专家，教育心理硕士，拥有 20 余年数学教龄，对中国孩子的数学学习和发展轨迹了如指掌，能够系统、科学地指导孩子进行数学学习和训练。著有系列畅销书"今晚七点半，数学妈妈的游戏课""奇妙的数学游戏书"等，累计销量超过 100 万册。线上课程"如何开发孩子的数学潜力""数学启蒙，父母是最好的老师"广受老师、家长赞誉。

李卓颖 / 图

绘本创作者，动画专业硕士，毕业于广州美术学院及荷兰圣优斯特艺术学院。

作品有《公主怎么挖鼻屎》《溜达鸡》《从前有个筋斗云》《两个小妖精抓住一个老和尚》。作品曾获第二届"信谊图画书奖"，第二届小凉帽国际绘本奖优秀作品奖，2016年深圳读书月"年度十大童书"。《从前有个筋斗云》入选第十三届全国美展，入选教育部推荐书目。